ANTONIUS ADAM

POÈME LYRIQUE

INSPIRÉ PAR

LES MARTYRS

De Chateaubriand

PARIS

TYPOGRAPHIE ET LITHOGRAPHIE Vve RENOU, MAULDE ET COCK

RUE DE RIVOLI, 144

1878

POËME LYRIQUE

A LA MÉMOIRE

DE

CHATEAUBRIAND

PERSONNAGES

EUDORE, jeune Grec, converti à la religion chrétienne;

HIÉROCLÈS, proconsul d'Achaïe, persécuteur des chrétiens;

CYMODOCÉE, prêtresse des Muses, petite fille d'Homère.

LA SCÈNE SE PASSE SOUS DIOCLÉTIEN

AU IIIe SIÈCLE

ANTONIUS ADAM

POËME LYRIQUE

INSPIRÉ PAR

LES MARTYRS

De Chateaubriand

PARIS
TYPOGRAPHIE ET LITHOGRAPHIE Vves RENOU, MAULDE ET COCK
RUE DE RIVOLI, 144

1878

POËME LYRIQUE

Les bois d'Arcadie avec une fontaine, près du palais d'Hiéroclès aux bords du Ladon.

I

EUDORE

(un javelot à la main, paraissant en proie à une certaine émotion)

— (écoutant) —

La terreur se répand!...

— (avec véhémence) —

Dénonce! accuse! épie!
Moissonne les chrétiens, ô proconsul impie!
Rome paîra ta honte; et l'auguste empereur,
Ranimé par ton zèle, absoudra ta fureur!

— (il écoute, avec douceur) —

Quel silence profond!... Seul, Zéphire murmure;
Un charme tout puissant règne dans la nature.

— (avec emportement) —

Licteurs d'Hiéroclès! des vallons, des coteaux,
Amenez les martyrs au pied de leurs bourreaux!

— (avec douceur, regardant autour de lui) —

Lieux chéris! lieux aimés! vous troublez ma pensée!

**

— (montrant la fontaine) —

Là, je te vois encore, ô ma Cymodocée!
Vierge chaste, en mon cœur tu fis naître l'amour.

— (pensif) —

Que ne puis-je t'offrir et le trône et la cour
D'un César?... Insensé! quelle erreur est la mienne?

— (avec onction) —

Non, sur ton front si pur, l'auréole chrétienne
Éclatante et sacrée, ah! t'irait mieux encor
Que la pourpre romaine et la couronne d'or!

Oui, sur ton front superbe,
Luiront comme une gerbe,
De mon Dieu, les reflets divins!

Ta vertu, sans mélange,
T'a faite ange,
Parmi les séraphins!

O vestale chérie!
Viens, fuis l'idolâtrie!
Pour te mêler aux chérubins!

— (écoutant de nouveau) —

Quel est ce bruit?...

— (avec douleur) —

Là-bas, le proconsul fatal
Rassemble les chrétiens devant son tribunal!

— (résolûment) —

Arme ton bras, ô fier Dioclétien !
Car Rome, esclave, acclame son idole!
D'impurs autels, maudit! sois le soutien,
Le protecteur des dieux du Capitole!

Ceints de ton papyrus, signe d'oppression,
Inflexible en ta haine, implacable et cruelle,
Traîne, traîne à la mort les enfants de Sion!

Mais, farouche rebelle,
Rebelle audacieux!
Tu n'auras pas l'âme immortelle,
Qui vole dans les cieux!

Mais tu perdras ton empire, ô César!
Là-haut, du ciel, un Dieu bon te contemple;
Sur Rome il fixe un austère regard,
Là, sur ses monts, il bâtira son temple!

O peuple! ô sénateurs! ô consuls assemblés!
Dans l'arène admirez le trépas des fidèles,
Que vous fauchez, cruels ! comme on fauche les blés !

Mais, farouches rebelles,
Pervers audacieux !
Vous n'aurez pas leurs âmes immortelles,
Elles volent aux cieux !

— (comme surpris) —

Mais qui vient là?... C'est elle!... ô mon cœur, tu t'abuses?...
Quel moment fortuné! la prêtresse des Muses?...

— (Eudore se dissimule derrière la fontaine. — Entre Cymodocée) —

II

CYMODOCÉE

Dans mon ravissement, oui... le sommeil me fuit!
Et sous ce ciel si pur, en cette belle nuit,
Subjuguée en mes sens par sa voix adorée,
J'erre, ici, dans ces bois, sous la voûte azurée !

— (mystérieusement) —

Dans ma couche rêvant à ses tendres propos,
Vainement je cherchais un bienfaisant repos;
Je me lève, et je viens... là!... vers cette fontaine,
Où déjà je le vis, où sa raison hautaine
Mais douce et pénétrante, allant jusqu'à mon cœur,
Sur mon être exerça son empire vainqueur!

— (montrant la fontaine) —

Il était couché là. Ses traits, pleins de noblesse,
Reflétaient la fierté, l'honneur et la sagesse;
Et la lune éclairant son charmant abandon,
On eût dit le sommeil du chasseur Endymion.
Dès cet instant, l'amour se glissant dans mon âme,
Y fit naître soudain une céleste flamme!

— (tirant quelques accords de sa lyre) —

Doux accords de ma lyre,
Exprimez mon martyre,
En vos aimables cours,
Portez-lui ma tendresse,
Ma joie et mon ivresse
Et mes chastes amours!

Athéniens, chantez ses victoires,
O Muses, célébrez son nom!
Il n'est pas de plus grandes gloires,
Du Capitole au Parthénon!
Jupiter offrit son tonnerre,
Et Mars lui donna la valeur,
Et moi, moi vestale d'Homère,
Je sacrifie en son honneur!

Doux accords de ma lyre,
Exprimez mon martyre,
En vos aimables cours,
Portez-lui ma tendresse,
Ma joie et mon ivresse
Et mes chastes amours!

— (Eudore caché, tendrement, avec douceur, mais comme réminiscence d'un écho) —

Cymodocée! Cymodocée! Cymodocée!

— (elle regarde autour d'elle comme surprise, écoute, puis dit) —

Et vous, échos des bois
Où sa voix
Bruit et résonne encore;
Échos des bois,
Échos des bois,
Rappelez-moi que je l'adore!

— (Eudore, toujours caché, même jeu, plus accentué) —

Cymodocée! Cymodocée! Cymodocée!

— (elle écoute, ravie) —

Serait-ce le divin Orphée,
Harmonieux en ses concerts?
Du Ladon aux bords de l'Alphée,
Mon nom retentit dans les airs!
En mon âme, émue et charmée,
Pénètre un doux enchantement;
Eudore, est-ce ta voix aimée?
Ou toi, fidèle et chaste amant?

— (s'accompagnant sur sa lyre avec une grande douceur) —

Eudore! Eudore! Eudore!

— (l'écho répercute le nom; charmée, elle va vers la fontaine, lorsque Eudore apparait devant elle). —

III

EUDORE

Tu m'appelles? J'accours, ô jeune Messénienne!
Ange, Dieu te créa pour ma vertu chrétienne.
Je t'aime! et mon amour aussi pur que ma foi,
Sauvera ta belle âme aussi vierge que toi!
Laisse à d'autres le soin des impuissants oracles,
Du seul Dieu des mortels accepte les miracles!
Sois mon épouse, enfin, et partage mon sort :
Ah! dût-il te conduire au martyre, à la mort!

CYMODOCÉE

Guerrier! fils de héros, tu lanças le tonnerre!
César dit ta valeur; tu parcourus la terre;
Tu soumis la contrée échue au fier Gaulois;
Tu t'y couvris de gloire : elle vit tes exploits!
Et tu voudrais que moi, qui t'estime et qui t'aime,
J'épousasse ton Dieu, ta croyance et toi-même?
Non; la distance est grande, ah! choisis un hymen,
Digne de ton aïeul, le grand Philopœmen!

EUDORE

C'est toi que je choisis, toi, si chaste et si pure!
A ta voix, l'Éternel donna le doux murmure;
Et les anges, ô vierge! ornèrent tes vertus,
De tous les dons que Dieu met au front des élus.
Je te veux arracher à ton idolâtrie,
Toi que j'aime, que j'aime autant que ma patrie!

CYMODOCÉE

Moi, renoncer aux dieux? mépriser leurs arrêts?

EUDORE

Oui, toi. De Jéhovah connaît-on les secrets?
Connaît-on les desseins du Créateur du monde?
Maître de l'univers, sa puissance profonde
Prodigue largement ses trésors de bontés,
Fait mûrir les moissons à nos yeux enchantés!
Et de l'humanité, réglant la marche sûre,
Pardonne aux égarés, mais punit l'imposture!
Toi, toi-même, en ces lieux, il dirigea tes pas,
Il fit naître en ton cœur l'amour que tu combats;
Ah! si, pour te convaincre, il faut donner ma vie,
Elle est à toi, prends-la, vierge de Messénie!

CYMODOCÉE

— (à elle-même) —

O mon père! ô pontife! ô cher Démodocus!
Je me livre au vainqueur du fier Carraussius!

— (à Eudore) —

Je renonce à mes dieux!

EUDORE

O ciel! reçois cet ange!

— (Eudore et Cymodocée se mettent à genoux, ensemble) —

Éternel, à genoux, nous chantons ta louange!

EUDORE

Dieu d'Israël, ta puissance infinie,
Se manifeste en rayons éclatants;
Nous t'adorons! ah! que ta main bénie,
Vrai bouclier, protége tes enfants!
A cette vierge, infidèle et païenne,
Donne la foi, l'ineffable candeur;
Déjà son cœur, dans sa vertu chrétienne,
Célèbre, ô Dieu, ta suprême grandeur!

Hosanna!
Hosanna!
Gloire à l'âme immortelle,
O divine étincelle,
Ta patrie est au ciel!
Vers le trône éternel,
Oui, monte, pure et belle!
Gloire à l'âme immortelle,
Hosanna!
Hosanna!

CYMODOCÉE

Dieu d'Israël, ta puissance infinie
Donne à ma foi des accents triomphants;
Nous t'adorons! ah! que ta main bénie,
Vrai bouclier, protége tes enfants!
Rejette au loin mes idoles païennes,
Oui, de mes dieux, je reconnais l'erreur;
Ah! je renais à tes vertus chrétiennes,
Je chante, ô Dieu, ta suprême grandeur!

Hosanna!
Hosanna!
Gloire à l'âme immortelle,
O divine étincelle,
Ta patrie est au ciel!
Vers le trône éternel,
Oui, monte, pure et belle!
Gloire à l'âme immortelle,
Hosanna!
Hosanna!

— (Eudore va vers la fontaine et prête l'oreille) —

EUDORE

Ciel! ce sont les licteurs! Sous sa haine implacable,
Hiéroclès nous tient.

— (avec emportement) —

Traître!

CYMODOCÉE

Le misérable!

EUDORE

Il a conçu pour toi de coupables desseins;
Moi-même, il me poursuit de ses fers assassins!
O ma Cymodocée, à mon amour fidèle,
Je te veux éloigner des mains de ce rebelle.
Constance, un prince ami, d'un cœur bon, mais viril,
Te garde un sûr abri contre un si grand péril.
Va! fuis le proconsul et sa haine farouche;
Dans ses désirs, ô vierge! il veut souiller ta couche!
Puis, à Démodocus, pontife aux cheveux blancs,
T'enlever, toi, l'orgueil, l'espoir de ses vieux ans.
Écoute mes avis, va donc trouver Constance;
D'Hiéroclès enfin, évite la présence;
Mon sort est assuré; tant que j'aurai ce fer,
Je braverai les coups de ce suppôt d'enfer!

CYMODOCÉE

O mon Dieu, je t'implore, ah! protége mon père!

EUDORE

Il a fermé déjà le vieux temple d'Homère;
Il est prêt.

CYMODOCÉE

A partir en exil?

EUDORE

Avec toi!

CYMODOCÉE

O ciel, reçois mes vœux! Guerrier, reçois ma foi!

EUDORE

Ah! le ciel m'est témoin, ô ma Cymodocée,
Que tu remplis toujours mon cœur et ma pensée!

— (regardant autour de lui) —

Quittons cette fontaine et ces lieux enchantés.

— (il écoute) —

D'Hiéroclès, j'entends les soldats!

— (Eudore prend Cymodocée par la main, et tous deux s'apprêtent à sortir. — Hiéroclès se présentant à eux, leur barre le passage. — Pendant ce qui suit, Cymodocée s'efface derrière la fontaine, visiblement émue) —

IV

HIÉROCLÈS

Arrêtez!
Car tandis que César exalte nos idoles,
Tu conspires leur perte en tes passions folles!

De Jupiter, la justice s'apprête,
Ah! sous son joug tu courberas la tête,
Chrétien vil, odieux!

Valérius, inspiré par nos dieux,
Protecteur de nos lois, du peuple et de l'armée,
Immolera les factieux!

Et ta secte abhorrée,
Les temples, les autels, élevés à ton Dieu,
Verront briller et le fer et le feu!

Et des Gentils, Rome sera purgée,
La Croix rebelle aura le même sort;
De votre Foi, constamment insurgée,
Dioclétien arrêtera l'essor!
Puis, de ton Christ, la morale inféconde
Disparaîtra comme une vision,
Car, seuls, nos dieux éclaireront le monde,
En lui donnant, pur flambeau, la Raison!

De Jupiter, la justice s'apprête,
Ah ! sous son joug tu courberas la tête,
Chrétien vil, odieux !

Valérius, inspiré par nos dieux,
Protecteur de nos lois, du peuple et de l'armée,
Immolera les factieux !

Et ta secte abhorrée,
Les temples, les autels, élevés à ton Dieu,
Verront briller et le fer et le feu.

EUDORE

Maudit! tu périras toi-même dans les flammes;
Les chrétiens déjoûront tes embûches infâmes!

HIÉROCLÈS

Toi, qui portes la toge et que Rome honora,
Tu seras le premier que César frappera;
Pourtant, si tu le veux, ta tête menacée....
Tu peux la racheter!...

— (après une légère pause) —

J'aime Cymodocée!
Pour elle, comme toi, je nourris de doux feux;
Laisse mon âme émue attendrir ses beaux yeux!
Ah! laisse-moi l'aimer de mes amours brûlantes,
Ainsi que mon cœur aime auprès de mes amantes!

— (après une légère pause) —

Et jamais au Sénat, pour nos divinités,
N'élèverai la voix!

EUDORE

(à part, avec véhémence)

O tigres éhontés!
Indignes magistrats, altérés de débauches,
Sur les chrétiens jetez vos plus sanglants reproches!

— (à Hiéroclès) —

Va, frappe, immole-nous, proconsul inhumain,
Fais un honteux trafic d'un grand Sénat romain!

HIÉROCLÈS

Dieux immortels, il brave ma colère!
O Jupiter, retiendras-tu mon bras?
Eh! le Sénat veut un acte exemplaire :
Lasthénès, oui, oui, par moi tu mourras!

Va, je te poursuivrai le jour, la nuit, dans l'ombre;
Et mes soldats prendront dans son repaire sombre
L'ennemi de l'État!

O ma fureur, éclate!
Justice, sur son front, pose-lui le stigmate
Du renégat!

EUDORE

Dieu des martyrs apaise ma colère,
Calme mon cœur, retiens, retiens mon bras;
Au flanc maudit de ce grand téméraire,
Mon javelot, non, non, tu n'atteindras!

O Rome! dans ton sein, des sénateurs sans nombre,
Projettent, sans pudeur, couverts par ta grande ombre,
D'horribles attentats!

Que ta justice éclate,
O Seigneur! et punis cette cohorte ingrate,
Ces apostats!

HIÉROCLÈS

La fosse aux léopards attend ta foi chrétienne!

EUDORE

A toi, monstre infernal, la roche tarpéienne,
Car tes conseils perdront et l'Empire et César!

HIÉROCLÈS

Je les préserverai de ton Dieu de hasard!

EUDORE

Oh! ne blasphème pas ou tu perdrais la vie,
Sophiste dépravé, plein d'orgueil et d'envie!
Nos apôtres, nos saints, aimés de l'Éternel,
Dévoileront partout ton projet criminel!

HIÉROCLÈS

Qu'importe l'Éternel, tes saints et tes apôtres,
Nos dieux valent ton Christ, et nos autels les vôtres!
Traître à Rome, à César, à nos mœurs, à la loi,
De tes dogmes nouveaux, tu propages la foi;
Mais grande est ton erreur, solides sont nos temples;
Dans Rome, debout, vois nos idoles! Tu trembles
Pour ton Dieu, ses autels, et pour ta liberté?
L'empereur frappera tout sujet révolté!

EUDORE

Mon Dieu, juste et clément, en ses vertus austères,
Détruira tes faux dieux, leurs temples éphémères,
Comme le vent emporte au souffle d'Aquilon,
La paille ou le fètu, resté dans le sillon!

HIÉROCLÈS

Renégat de nos lois, mesure tes paroles!

EUDORE

Moi? — Je puis parler haut : j'ai vaincu dans les Gaules!
Mais toi, blasphémateur égoïste et cruel,
Distille, sans remords, et la honte et le fiel!
Puis, de Galérius flattant les goûts faciles,
Imprime dans son cœur tes sophismes stériles!
Va, de Dioclétien aiguise les fureurs;
Pourvoyeur de chrétiens, pousse, pousse aux horreurs!
Fais de Rome un tombeau — Rome aux honneurs sonores! —
Cette Rome que j'aime et que tu déshonores!

V

— (Cymodocée revient, très-agitée) —

HIÉROCLÈS

D'un amant offensé, redoute le courroux!

— (mettant un genou à terre) —

Renonce à la vestale!

CYMODOCÉE

(s'approchant vivement au milieu d'eux)

O ciel! lui? mon époux?

— (à Hiéroclès) —

Non! Mon cœur révolté par tant de félonie,
Me rappelle ta honte et ton ignominie!

— (se mettant à genoux, élevant ses mains au ciel —

O Dieu, préserve-moi d'un si brutal affront,
Qui souillerait mon âme et rougirait mon front!

— (se relevant avec vivacité, à Hiéroclès) —

Moi, sentir le contact d'une impudique bouche?
Moi, la fille d'un dieu? moi, partager ta couche?
Ah! plutôt mille morts, le plus affreux tourment,
Que vivre sous ta loi, ne fût-ce qu'un moment!

— (elle se jette dans les bras d'Eudore) —

HIÉROCLÈS

Ah! tremblez! oui, tremblez!

EUDORE

Satan prendra ton âme!

HIÉROCLÈS (à part)

La haine dans mon cœur vient raviver sa flamme!

— (à Eudore et à Cymodocée) —

Mais puisque, pour ton Dieu, vous aimez à souffrir,
Dans la fosse aux lions tous deux allez mourir!

— (faisant quelques pas vers les bois) —

A moi, centurion!

CYMODOCÉE

Viens! fuyons sa présence!

EUDORE

Dieu choisit ses élus : le martyre commence!

— (ils vont pour sortir) —

HIÉROCLÈS

— (allant à eux) —

Oh! vous ne sauriez fuir : j'ai fait cerner ce lieu!

EUDORE

Va, nous serons vengés par Constantin et Dieu!

— (avec onction) —

Dieu tout-puissant, conduis-nous au martyre,
Fais triompher ta Croix dans l'univers!
Hiéroclès, dans son fatal délire,
Va, lâchement, nous charger de ses fers!
Pour ton saint nom, pour ta gloire éternelle,
Nous affrontons un supplice odieux;
Car dans l'arène où périt le fidèle,
On ne descend que pour monter aux cieux!

CYMODOCÉE

Puissant Très-Haut, à ta palme j'aspire,
Ferme mon cœur à la voix des enfers;
Oui, pour ma foi, bénissant le martyre,
Hiéroclès, charge-moi de tes fers!
En ta colère et terrible et cruelle,
Frappent en vain tes coups audacieux,
Car dans l'arène où périt le fidèle,
On ne descend que pour monter aux cieux!

HIÉROCLÈS

A toi la mort, détracteur de l'empire,
Tu périras dans l'opprobre et les fers;
Oui, pour nos dieux, les lions en délire,
Déchireront, dévoreront tes chairs!
Lorsqu'avec toi, ta vierge chaste et belle,
Sera livrée aux tigres furieux,
Là, tu verras si votre âme mortelle,
Vil imposteur, s'envole dans les cieux!

A la mort! à la mort!

CYMODOCÉE

Dieu, conduis-nous au port!

EUDORE (avec grandeur)

O suprême mystère!
Dieu lance les éclairs,
Écoutez dans les airs,
La foudre et le tonnerre!

Des abîmes sans fin, jusques au sacré mont,
Une grande voix dit : « LES DIEUX, LES DIEUX S'EN VONT!... »

La foudre et le tonnerre
Éclatent dans les airs;
Dieu lance les éclairs,
O suprême mystère!

HIÉROCLÈS

A moi, soldats, à moi!

CYMODOCÉE (admirant Eudore)

O grand cœur plein de foi!

EUDORE

(comme illuminé et frappé par une vision)

O Prophète adoré, ta splendide lumière
Éclaire, en ce moment, et le ciel et la terre!

HIÉROCLÈS (impatienté)

Reçois ton châtiment!

CYMODOCÉE

O supplice! ô tourment!

EUDORE (avec onction)

Ciel, voici Constantin chassant l'idolâtrie!
Je vois son étendard, son sacré labarum!
Maxence renversé! l'Empereur au Forum!
Et la Croix triomphante au sein de ma patrie!

— (Eudore prend la main de Cymodocée. — Ils vont au-devant d'Hiéroclès, qui recule et disparait devant l'attitude résolue et pleine de foi des deux victimes qu'il voue au supplice) —

PARIS, 21 DÉCEMBRE 1878

Imp. Vve RENOU, MAULDE & COCK, R. Rivoli, 144, à PARIS.

www.ingramcontent.com/pod-product-compliance
Lightning Source LLC
LaVergne TN
LVHW052018160826
845678LV00003B/1103

* 9 7 8 2 3 2 9 6 4 6 8 4 8 *